REFLEXIONS

SUR

LA DETTE DITE EXIGIBLE

ET

SUR LES MOYENS

PROPOSÉS POUR LA REMBOURSER,

Adressées et lues le premier Septembre à la Société de 1789, par M. de CASAUX, *Membre de cette Société.*

A PARIS;

Chez L E J A Y fils, Imprimeur-Libraire, rue
de l'Echelle Saint-Honoré.

1789.

REFLEXIONS

SUR

LA DETTE DITE EXIGIBLE

ET

SUR LES MOYENS

PROPOSÉS POUR LA REMBOURSER,

Adressées et lues le premier Septembre à la Société de 1789, par M. de CASAUX, membre de cette Société.

MESSIEURS,

Les idées que je vais avoir l'honneur de vous soumettre, ne jetteront pas une grande lumière sur la question proposée, car je commence par avouer que plus j'y ai réfléchi, plus je me suis convaincu qu'il n'est pas possible de se décider sur un seul des points qui intéressent la société, avant de s'être formé une idée précise de tous, et de connoître jusqu'à quel point ils réagissent les uns sur les autres. Je conviendrai même que tout ce que je dirai de meilleur a déjà été dit en grande partie, et je supplie d'avance qu'on veuille bien ne considérer mes réflexions que comme un

A 2

hommage que je rends à l'opinion de ceux qui ont parl' avant moi.

L'assemblée nationale a sanctionné une dette, et l'on propose de la rembourser en assignats ; — je ne chercherai point jusqu'où s'étend le droit de l'assemblée à cet égard ; mais il me semble qu'il suffit de savoir ce que les circonstances de l'état lui permettent de faire, pour décider ce que les créanciers peuvent exiger, *à moins que toutes les notions du juste et de l'injuste ne puissent être renversées par un simple décret de l'assemblée nationale.*

L'état ne peut payer en argent effectif, donc le créancier ne peut en exiger, car il n'existe point de droit contre l'impossible, point d'action contre le néant.

L'état peut remettre, en biens nationaux, l'équivalent des sommes exigibles, tant en capitaux qu'en intérêts arriérés ; donc tout créancier peut exiger pour les sommes échues, un équivalent en biens nationaux ; et dans ce cas, il est évident qu'on ne sauroit trop tôt procéder à l'estimation des objets désignés, et à la publication des estimations qui en seront faites, afin que le créancier puisse être satisfait dans le moindre délai possible.

Mais un quart, une moitié, les dix-neuf vingtièmes peut-être, des créanciers de l'état, commandés impérieusement par leur situation particulière, ne peuvent se permettre ces acquisitions des biens nationaux ; direz-vous qu'ils s'arrangent, qu'ils perdent sur leurs assignats , ou qu'ils se fassent agriculteurs ; il est si beau , il est si heureux de l'être !

Eh ! messieurs, ne transigez pas si légèrement , si despotiquement, sur les volontés , sur le bonheur, sur les propriétés des gens que vous avez proclamés libres ; ils croiroient que vous les avez trompés, et cette idée pourroit avoir des suites bien funestes.

Cette classe de créanciers dont je viens de parler est en droit d'exiger de vous, puisque vous pouvez le lui donner, un titre quelconque, n'importe le nom, pourvu qu'il annonce une hypothèque de telle somme sur toutes les propriétés de la nation , tant générales que particulières , et la garantir de l'intérêt fixé, jusqu'à la destruction de l'agriculture et de l'industrie françoise, ou bien jusqu'à la folie d'un remboursement, tant de fois, de tant de manières, et si inutilement encore démontré absurde.

Ce n'est pas tout ; quelques-uns des créanciers de l'état ont besoin de leurs intérêts échus ou de leurs appointemens, car sans ce paiement ils ne peuvent subsister, et de ce paiement aussi dépend la subsistance de tant d'autres qu'ils font vivre en leur procurant les moyens de continuer à travailler.

Donc ils peuvent exiger de l'état ce que l'état peut leur donner, c'est-à-dire la quantité d'assignats forcés qui leur est nécessaire pour fournir à cette chaîne terrible de besoins et de facultés, dont on ne voit que le premier anneau dans la main du créancier; mais qui, de six sols en six sols, s'étend jusqu'au dernier individu de quelque malheureuse famille.

Mais, dit-on, la nation peut se libérer si aisément de ces intérêts si évidemment onéreux; deux milliards d'assignats *qui ne coûteront que la peine de les faire*, débarrasseront tout d'un coup la nation de cent millions d'intérêts, et de plus, la nation jouira de tout le revenu des biens nationaux, aussi long-tems qu'il faudra pour fabriquer les assignats, aussi long-tems qu'on en prendra pour les distribuer, aussi long-tems que les possesseurs successifs de ces assignats seront occupés à les transporter de l'un à l'autre, à se rejeter de l'un sur l'autre la perte énorme qu'entraînera ce déluge de papier, dont la circulation inondera la France, et aussi long-tems enfin, qu'on peut s'en promettre, 1°. de l'embarras d'effectuer cette énorme quantité de ventes et de livraisons ; 2°. du discrédit que peut jeter sur les ventes, un mauvais mode d'imposition, si l'on n'avoit pas la sage précaution d'annoncer qu'il ne sera que provisoire.

Fort bien, messieurs ; mais quand une grande nation veut gagner tout d'un coup la plus embarrassante partie de ce qu'elle doit, elle a un moyen bien plus simple, elle n'a qu'à dire et faire afficher qu'elle ne veut pas payer. C'est exactement, ainsi que les grands financiers, sans en excepter un seul, depuis Henri IV jusqu'en 1788, ont libéré la nation à mesure que leurs brigandages ou ceux de leurs prédécesseurs l'avoient obérée, et qu'ils ne trouvoient dans leur vaste génie, d'autre moyen de payer les intérêts que d'anéantir en dernier résultat, en quart, une moitié, et enfin quatre cinquièmes des capitaux.

Cependant, qu'est-ce qu'un capital ? (et observez qu'il importe fort peu pour notre objet, dans quelle main il se trouve ;) un capital est une accumulation d'épargnes sur le produit des travaux antérieurs, accumulation dont l'emploi occasionne immédiatement un nouveau travail, soit sur la terre, soit dans l'industrie, lequel nouveau travail assure au propriétaire du capital, une partie du bénéfice sur ce travail occasionné par le placement, laquelle partie de bénéfice, sert très-souvent à décider même d'avance un nouveau travail sur lequel il y aura encore un nouveau bénéfice, etc.

Cette définition ou description d'un capital, peut paroître puérile ; mais enfin, que doit-il résulter, soit d'une anéantissement des capitaux, soit d'une réduction d'intérêts, ce qui revient au même quand ce n'est pas la nature qui l'opère ; quand c'est un administrateur ou un législateur qui ont l'imprudence de l'opérer ?

Il en résulte, 1°. l'anéantissement de tout le travail que le capital et l'intérêt réduit auroient produit dans la nation ; 2°. la nécessité d'égorger ceux qui subsistoient du travail anéanti, ou bien celle de pourvoir à leur subsistance par des milliers d'établissemens publics, infiniment plus coûteux que l'intérêt qu'on aura gagné par beaucoup de réductions très-vantées, et par cette émission monstrueuse de papier dont on ne sauroit trop manifester la ruineuse injustice.

Les propagateurs des assignats objectent l'inconvénient qui résultera pour l'état d'une dégradation des biens nationaux, s'ils restent plus long-tems entre les mains des municipalités. Je supposerai, pour un moment, cette dégradation ; mais suis-je en droit de ruiner mon créancier, parce que mon régisseur gouverne mal ma

terre ? Est-ce la faute du créancier de l'état ?
est-ce la faute de tant de malheureux *qu'ils font
vivre*, si les biens nationaux se dégradent par
l'incurie des administrateurs chargés d'y veiller ?
— Et est-il bien vrai qu'il n'y ait pas de moyens
de se prémunir contre cette incurie ? Qu'avez-
vous donc gagné à changer de régime ? Non,
je pense différemment de vos districts, de vos
départemens, de cette chaîne qui unit tout depuis les municipalités jusqu'à l'assemblée nationale ; de cette surveillance de tous sur chacun,
de chacun sur tous, et de l'intérêt particulier,
comme général, de tout protéger et de tout dé-
fendre lorsque la loi aura fixé les limites de tous
les pouvoirs comme l'étendue de tous les droits,
et consolidé tous les moyens d'exécution, sans
lesquels la constitution sera bientôt bouleversée.
—Les biens nationaux se dégraderont ! Mais,
je vous supplie, qu'est-ce qu'une perte de dix,
de vingt millions, divisés sur tous ? Et comment
apprécier les pertes particulières ? De quel droit
et pourquoi écraser quelques milliers de malheureux sous un poids démontré insensible,
quand il est supporté par la nation entière ?

On est assez d'accord sur la nécessité de payer
en assignats forcés toutes les sommes exigibles;
et pourquoi ? Parce qu'il n'existe pas aujour-

on retarde, plus il y a de malheureux qui souffrent, sans que personne en profite. Point de réplique à un argument de cette espèce. Mais, pour trouver une raison plausible de mettre deux milliards en assignats, on juge à propos de donner le titre d'exigibles à des sommes énormes dont on veut se débarrasser, quoique personne ne soit en droit de les exiger. — C'est ainsi, qu'avant la révolution, les parlemens appeloient fondamentales toutes les loix qu'ils étoient intéressés à conserver ; — et c'est ainsi que, depuis la révolution, on appelle constitutionnelles toutes les loix qu'on ne veut pas que le roi refuse d'accepter, et toutes celles qu'on ne veut pas que les législatures suivantes puissent changer. — Mais les mots ne changent pas la nature des choses ; toute loi évidemment nécessaire, est évidemment dans l'esprit d'une bonne constitution, quelque fâcheuse que la loi puisse être, sauf à l'abroger quand elle sera devenue inutile, car alors elle sera évidemment inconstitutionnelle ; la nécessité seule, aux yeux de quiconque n'est pas un despote, peut justifier une loi quelconque ; — et toute somme, soit empruntée légalement, soit escroquée, soit extorquée, mais dont l'état a promis l'intérêt sans s'obliger au remboursement, sera évidemment une somme inexigible aussi long-tems que l'intérêt en sera payé, comme elle sera une somme non payée aussi long-tems que le créancier n'aura pas reçu en nature l'argent réel et effectif qu'il aura donné.

Parmi les sommes prétendues exigibles, je vois environ 150 millions prêtés au clergé, qui peuvent ne coûter à l'état que les cinq millions quelques cent mille livres d'intérêts que le clergé en paie, et qui pourront procurer aux titulaires en biens nationaux environ 7 millions de revenus, aussi-tôt que l'assemblée nationale aura bien voulu les gratifier du titre d'exigibles. — Or, on n'allègue d'autre raison de cette exigibilité, que la vente annoncée des biens du clergé qui leur servent d'hipothèque. — Je conviens que si les biens du clergé devoient, après la vente, être transférés dans quelqu'autre partie du monde, les créanciers du clergé seroient en droit de les arrêter, et d'exiger leur remboursement avant qu'ils fussent déplacés ; mais il est évident que l'hipothèque des créanciers augmente au lieu de diminuer ; car les dettes du clergé ayant été déclarées nationales, elles sont donc aujourd-hui hipothéquées sur toutes les propriétés de la nation, dont les biens du clergé, quels qu'ils soient , ne font certainement qu'une partie.

Ce n'est pas à moi, messieurs, qu'il appartient d'entrer dans un plus grand détail sur beaucoup d'autres sommes aussi improprement présentées comme exigibles ; si le principe est juste, on ne manquera pas de l'appliquer à tout ce qui en est susceptible. Mais je ne puis me refuser quelques réflexions sur un prétendu fait, uniquement fondé sur un droit aussi chimérique.

— Tous les créanciers des sommes classées si obligeamment dans la liste des exigibles , veulent, dit-on, être remboursés. — Ils le veulent ! comment le savez-vous ? Ils n'ont pas été convoqués ? — Quand ils le seroient, aucun d'eux n'oseroit, à la face des autres, énoncer l'absurde prétention qu'on leur suppose à tous ; elle décéleroit trop évidemment l'infâme espoir d'une contre-révolution, et l'abominable désir d'y contribuer de toute sa fortune. Cependant j'accorde qu'ils veulent tous être remboursés, ou, pour mieux dire, qu'ils le désirent. — Pourquoi le désirent-ils ? Parce que vous ne le pouvez pas. — Mais, quand vous le pourrez, le voudront-ils ? — Non , parce qu'alors ils n'auront pas besoin de vous pour toucher au moment du besoin, et au taux le plus juste, telle portion de leur créance dont ils voudront se débarrasser, au lieu de la somme entière que vous les force-riez de recevoir dans tel moment peut-être où ils ne sauroient qu'en faire. — Voyez en Angle-terre, si les créanciers de l'état ont besoin du gouvernement pour toucher à l'instant du besoin ou de la fantaisie, telle partie que ce soit de leur intérêt dans les fonds. — Et pourquoi ? *Les revenus publics sont égaux à la dépense.* — Ce n'est donc pas d'un remboursement qu'il faut vous occuper, et encore moins de ces miséra-bles assignats, qui n'en sont qu'une trompeuse effigie.

J'irai plus loin, messieurs, et je dirai : — Si tous les créanciers assemblés demandoient leur remboursement en assignats, il semble que vous pourriez, que vous devriez les satisfaire. — Je soutiens que la justice que vous devez à la na-tion entière, vous obligeroit de les astreindre à prendre tout le montant de leur créance en biens nationaux, parce qu'ils présenteroient du moins un effet solide, un gage certain à leurs propres créanciers ; et s'ils le refusoient, ne seroit-il pas vi-sible qu'ils ne demandoient des assignats que pour rejeter, sur leurs propres créanciers, tout le poids d'une mesure dont ils avoient calculé les suites comme l'iniquité ?

Il est certain que l'expédient des assignats seroit admirable pour débarrasser le comité des finances de beaucoup de soins ultérieurs ; mais il est aussi évident qu'il en résulteroit finalement dans des milliers de mains, l'anéantissement de plusieurs millions de facultés de consommer, qui seroit certainement suivie de l'anéantissement d'autant de raisons *comme de moyens de reproduire* ; — considération trop négligée, considération que la soif excessive du bien public a trop souvent fait perdre de vue, et dont il seroit bien essentiel de commencer à s'occuper ; car ce n'est pas par la production seule qu'on est riche, c'est par la consommation qui engage à reproduire ; c'est par les consommations en **tout genre**, que les vrais amis de la constitution ne sauroient trop encourager. — Osons le demander, tout homme qui retranche aujourd'hui la moindre partie de sa consommation, est-il bien sûr de ne pas commettre, ou du moins préparer, un assassinat ?

Les propagateurs de l'idée des assignats ont dit que tous les biens nationaux ayant été mis en vente, la masse des propriétés à vendre étant accrue de deux milliards, il falloit bien mettre dans la circulation pour deux milliards de moyens additionnels d'acheter.

Cet argument me paroît faux à bien des égards; je ne m'attacherai qu'à un seul. — L'assemblée nationale, pour conserver aux biens nationaux toute leur valeur, et même l'augmenter par les facilités qu'elle présenteroit pour l'acquisition, a décrété très-habilement qu'on pourroit ne payer comptant qu'un cinquième du prix stipulé, et ensuite un douzième par année; — donc on n'aura besoin d'abord que d'un cinquième, et puis annuellement d'un douzième de ces moyens additionnels : or le cinquième de deux milliards de vente, comme de deux milliards supposés dans la circulation, n'est justement que les 400 millions d'assignats déjà décrétés, et qui suffiroient pour cet objet, quand bien même vous vendriez tout dans l'année. —

Observez maintenant que pour être obligé démettre l'année prochaine les 130 et quelques millions qui doivent répondre à ce douzième, second terme de la vente, il faudroit que les 400 millions déjà décrétés fussent tous rentrés et brûlés; et dans ce cas les 130 millions nouveaux ne seroient pas plus difficiles à faire que les anciens, et certainement alors on n'auroit pas besoin d'y ajouter un intérêt pour leur servir de véhicule.

On ajoute : plus il y aura d'assignats dans la circulation, et plus elle sera facile ; tout va s'animer, agriculture, industrie, manufacture, etc. On a même poussé l'exaltation jusqu'à prétendre que cette émission de deux milliards imaginaires feroit infailliblement baisser le prix de l'argent, baisse à laquelle beaucoup de gens attribuent tant de miracles. — Si l'on veut se donner la peine de lire dans la première suite des considérations sur le méchanisme des sociétés (1), une vingtaine de pages, à commencer par la sixième, j'ose croire qu'on verra si tout administrateur, tout législateur qui travaille à influer sur la hausse et la baisse de l'intérêt, ne donne pas une preuve complète du charlatanisme le plus méprisable ou de la plus médiocre capacité, et si la vraie balance sur cet article est dans la main des hommes ou dans celle de la nature : la main des hommes, pareille à celle des harpies, n'est capable que d'empoisonner tout ce qu'elle touche. Législateurs ; tremblez de porter la vôtre sur tout ce que vous n'êtes pas indispensablement obligés de toucher !

Cependant il faut convenir que même lorsqu'on est absolument dépourvu de principes,

---

(1) Ouvrage de M. de Casaux.

 on sent machinalement qu'une émission prodi-
gieuse de signes représentatifs, avilit nécessairement la représentation, et d'autant plus
qu'effrayé du nombre, chacun s'empresse de s'en
débarrasser à tout prix. Mais de quoi s'empres-
sera-t-on de se débarrasser ? sera-ce de l'argent
qui, en dépit des législateurs, vaudra toujours
par-tout la somme de travail nécessaire pour le
produire ? Non ; ce sera du papier qui ne coûte
nulle part que la peine de le marquer, et dont
l'avilissement forcera bientôt le prix de tout,
et conséquemment des dépenses publiques. — Or
que deviennent vos décrets qui les ont déjà
fixées ? ou bien que deviennent vos prétentions
de ne jamais revenir sur vos décrets ? — Et si
vous les changez, que deviennent ces réductions
si vantées ?

On pourra toujours être attaqué avec avan-
tage, lorsqu'on voudra fonder un argument sur
tel point de discrédit où les assignats peuvent
tomber ; ce point dépend uniquement de l'ha-
bileté des agioteurs, et l'on ne peut se dissimu-
ler que la France a de grands maîtres dans cette
partie. Tout ce qu'on peut dire à cet égard pour
être inattaquable, se réduit donc à des généra-
lités connues ; ainsi l'on ne sera point contredit
lorsqu'on dira seulement que deux milliards de

papier-monnoie mis dans la circulation d'un pays où deux milliards d'argent suffisoient pour la circulation, doubleront nécessairement, en peu de tems, le prix de tout, si l'argent et le papier circulent fraternellement ensemble ; car avec le même nombre d'objets à représenter, lorsqu'il y a le double de représentans, il suffit d'un instant de réflexion pour sentir que chacun d'eux perd nécessairement la moitié de sa valeur. Pour la conserver à l'argent, beaucoup de propriétaires l'enfouiront, assurés du moins de ne perdre que l'intérêt et de trouver le capital quand le moment du vertige sera passé ; beaucoup d'autres, si la crise est longue, se détermineront à le placer chez l'étranger. — Tant mieux, ont dit les propagateurs de l'idée des assignats, l'étranger sera notre tributaire. — Peuple régénéré, laissez les vieux mots qui ne présentent que de fausses idées. — Hommes libres, abjurez ces expressions d'esclaves, aussi absurdes quand on les analyse, que ruineuses quand on les applique à contre sens, et déshonorantes dans tous les cas pour l'humanité.

Toute somme prêtée donne visiblement un triple intérêt, tel qu'il soit ; — l'intérêt du prêteur, celui de l'emprunteur, qui ne seroit pas assez fou pour s'en charger s'il n'y trouvoit un bénéfice, et enfin celui du travailleur que l'emprunteur applique à l'opération qui doit lui rendre le capital, et les deux premiers intérêts, dont l'un lui appartient et l'autre seulement est remis au prêteur ; mais observez que même pour que le pays du prêteur en profite, il faut qu'il veuille bien ne pas le replacer en nouveau capital dans le pays dont le travail le lui a procuré. — Si l'on veut se donner la peine de lire dans la première suite des considérations déjà citées, depuis la page 40 jusqu'à la page 51, on y trouvera la démonstration de l'absurdité des idées régnantes sur ce point, et de cette indissolubilité d'intérêt qui enchaîne malgré elles et à leur insu toutes les nations civilisées.

François, je reviens à vous ; est-ce chez l'étranger que vous devez prêter aussi long-tems que vous aurez chez vous trois intérêts à partager entre frères, — aussi long-tems que vous aurez chez vous des millions d'acres de terres incultes, autant ou plus, de mal cultivées, et des milliers de manufactures à établir et à perfectionner, si vous voulez donner la plus grande valeur à vos rerres ?

Je serai plus circonspect que les propagateurs de l'idée des assignats, sur l'effet que doit produire sur les transactions commerciales tant inté-

rieures qu'extérieures, l'ordre de choses, nécessairement nouveau et certainement incalculable
qui résulteroit de l'émission proposée. Ce sont
vos banquiers, vos manufacturiers, vos cham-
bres de commerce, qu'il faut consulter ; voilà
vos maîtres dans cette partie, comme le public
éclairé l'est dans toutes les autres. Mais je ne
croirai pas aller au-delà de ma sphère, ni trop
m'écarter du sujet, lorsque je vous supplierai
de suspendre votre jugement sur la nature de
ces dettes publiques dont on est par-tout si
occupé. On considère le créancier de l'état
comme une excrescence bien fâcheuse sur le
corps politique, excrescence qu'on ne sauroit
trop tôt extirper ; mais dans tout autre moment
que celui de la crise où l'on se trouve, il seroit
facile de démontrer combien cette idée est fausse,
combien d'ignorance elle annonce sur l'engren-
nement de toutes les parties de la société, et, si
j'ose le dire, combien les fonds publics sont
précieux pour opérer naturellement et de la
manière la plus avantageuse pour le peuple,
cette division et subdivision des propriétés dont
les législateurs font leur chimère, et dont ils ne
s'occuperont jamais, s'ils ne sont plus despotes
que législateurs.

De quoi s'agit-il aujourd'hui ? Vos inquié-

tudes ne portent pas sans doute sur l'étendue
ni sur la solidité des moyens nationaux pour
subvenir exactement par la suite aux besoins
de la nation ; puisqu'après l'aliénation des biens
du clergé et du domaine, les dépenses annuel-
les ne s'élèveront peut-être pas à 500 millions,
et que votre revenu général, terre et industrie,
doit s'élever à cinq milliards; ce n'est donc en
dernier résultat que le dixième de ce revenu :
or observez que l'Angleterre, dont le revenu
général, terre et industrie, n'est pas aujourd'hui
(Voyez M. Arthur Young) de 2 milliards 800
millions, paie très-lestement 384 millions par
année, c'est-à-dire entre le septième et le hui-
tième de son revenu ; et vous savez, messieurs,
avec quelle facilité l'Angleterre répand aujour-
d'hui l'argent par-tout où elle croit qu'il est de
son intérêt d'en répandre. — Je l'avois annoncé
en Angleterre, dans un tems où l'on y parloit
comme on fait aujourd'hui chez vous, de l'avan-
tage qu'il y auroit à faire banqueroute.

L'embarras de la France n'est donc évidemment
et ne peut être, qu'un embarras de circonstance,
un embarras instantané. Mais je vous avoue
que je ne conçois pas comment on peut être
embarrassé quand on a le bonheur d'être com-
mandé par la nécessité ; car en fait d'assignats

comme de loix, c'est la nécessité seule qui jus-tifie.

On vous propose d'émettre pour deux mil-liards d'assignats, mais personne n'a prouvé que cette quantité fût évidemment nécessaire : vous vous chargeriez donc gratuitement des suites incalculables de cette étrange et inutile mesure ; et l'on a, ce me semble, assez bien prouvé qu'en la suivant on n'auroit rien payé, mais qu'on auroit tout bouleversé ; et qu'au contraire pour maintenir dans les finances le seul ordre dont elles soient actuellement susceptibles, il suffit d'en émettre, comme il est d'absolue nécessité d'en émettre : —

1°. Pour la somme entière de tous les inté-rêts, pensions, appointemens échus, qu'on ne voudra pas convertir en capitaux ; parce que tous ces objets sont attendus pour payer un travail énorme déjà fait, et en décider immé-diatement un autre, qui vous débarrassera de beaucoup de travaux qu'on appelloit de charité, et que j'appelle de bonne politique ; —

2°. Pour toute la somme due aux fournis-seurs de toute espèce, s'ils ont besoin de toute la somme pour entretenir au travail la même quantité de malheureux, et vous épargner ainsi l'embarras très-coûteux de les y entretenir vous-même ;

30. Enfin pour toute la somme qu'exigera successivement le besoin de chaque jour, de chaque mois, pour subvenir conjointement avec le produit nécessairement inconnu des impôts à la dépense du jour, du mois, de l'année, jusqu'à l'établissement d'un bon système de finance, qui, mettra tout au pair, qui satisfera tout le monde, et qui certainement n'est pas encore trouvé. — Jusque-là cependant il en faut un ; et s'il n'est pas absolument détestable, tout homme de bien doit s'abstenir de le critiquer, *pourvu qu'on ait la sage précaution de le déclarer* PROVISOIRE *, et provisoire dans toutes les parties.* Sans cette précaution, je crois que tout homme de bien doit hautement dire ce qu'il en pense, dût l'homme du monde qu'il respecte le plus, attacher la dernière importance à l'opinion contraire.

( )

[illegible]

[...] Juste. Il cependant il en faut un, et s'il étoit
pas absolument défendable, une femme se doit
[...] de la censure, pouvant néan[moins]
la saine prédication de la chaire PROVISOIRE,
[...] exercice dans toutes [...] Sans cette
présomption, je crois que tout homme de bien
doit hautement dire ce qu'il en pense, doit
l'homme du monde qu'il respecte le plus, une
chose la dernière importance à l'éducation cou-
(rance.

———

www.ingramcontent.com/pod-product-compliance
Lightning Source LLC
Chambersburg PA
CBHW051403050726

47595CB00006B/2681